Letter Tracing Book For Kids

Ages 3-5

APPLE

Aa

A is for Apple

A A A A A A A

A A A A A A A

A A A A A A A

A A A A A A A

A A A A A A A

A A A A A A A

B

B is for Ball

B B B B B B B

B B B B B B B

B B B B B B B

B B B B B B B

B B B B B B B

B B B B B B B

b b b b b b b

b b b b b b b

b b b b b b b

b b b b b b b

b b b b b b b

b b b b b b b

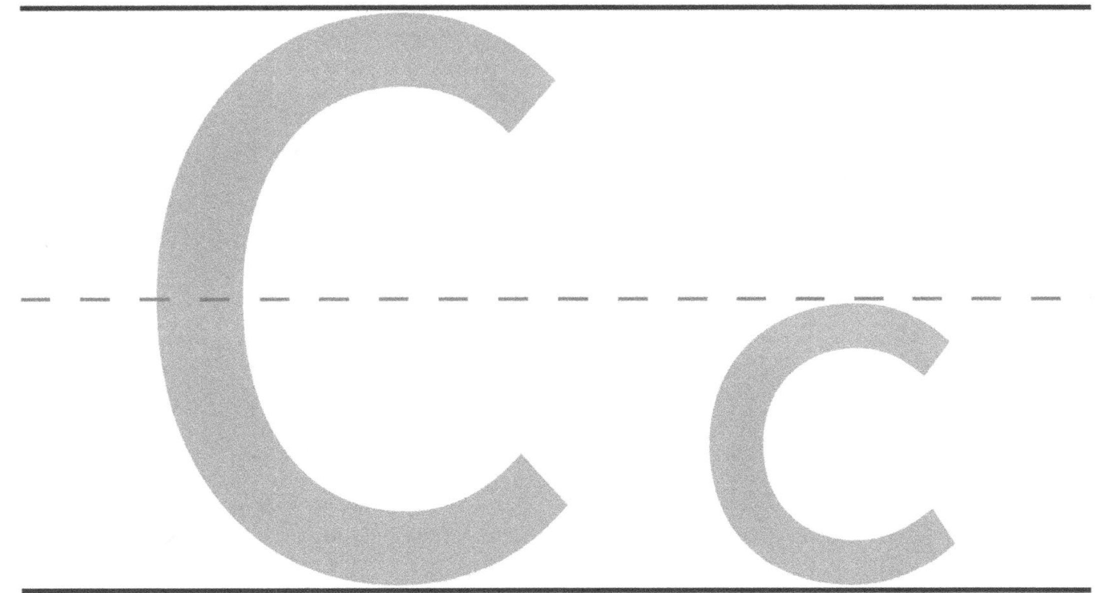

C is for Cat

c c c c c c c

c c c c c c c

c c c c c c c

c c c c c c c

c c c c c c c

c c c c c c c

C C C C C C C

C C C C C C C

C C C C C C C

C C C C C C C

C C C C C C C

C C C C C C C

D d

D is for Dog

D D D D D D D

D D D D D D D

D D D D D D D

D D D D D D D

D D D D D D D

D D D D D D D

Elephant

Ee

E is for Elephant

F is for Fox

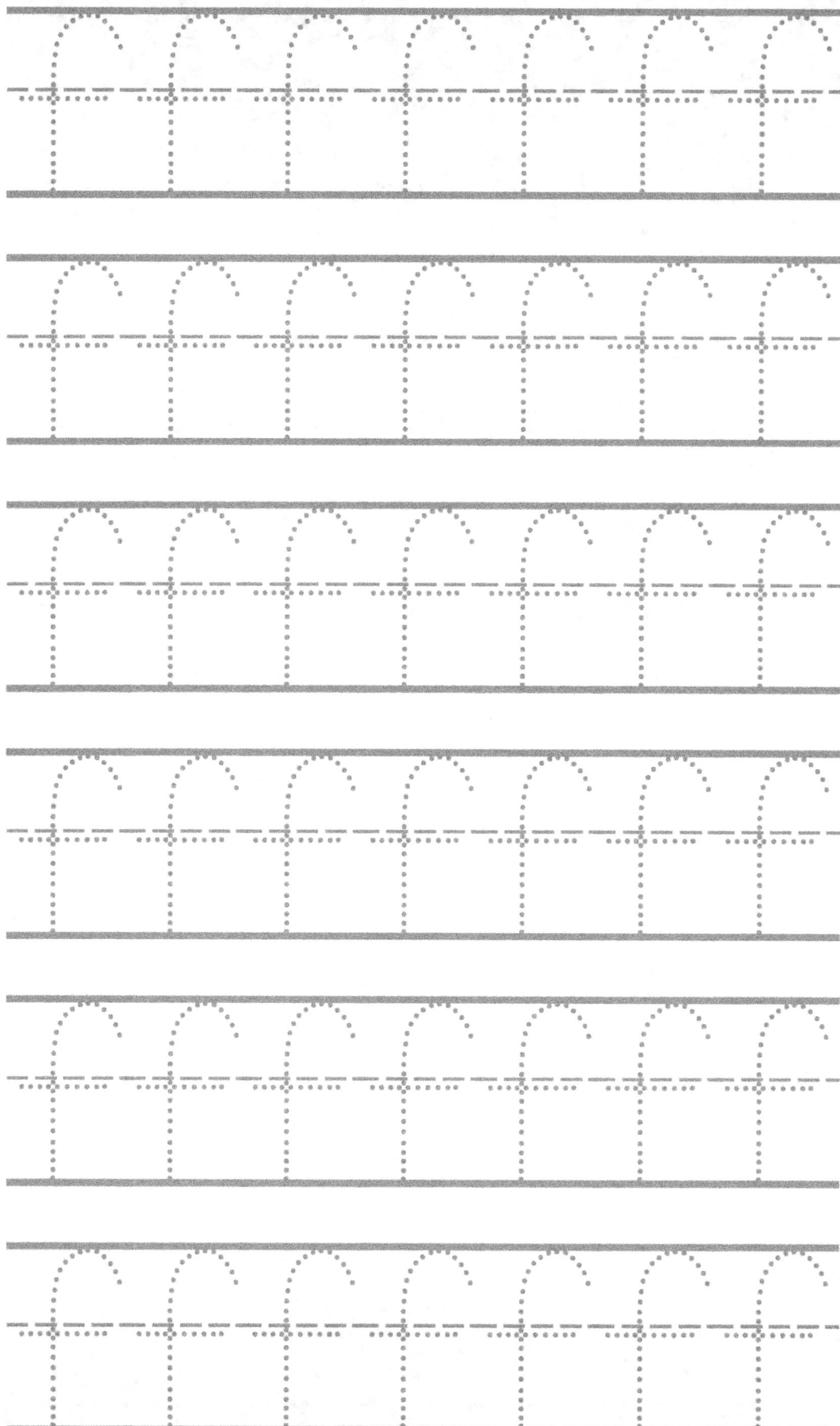

Giraffe
Gg

G is for Giraffe

H is for Horse

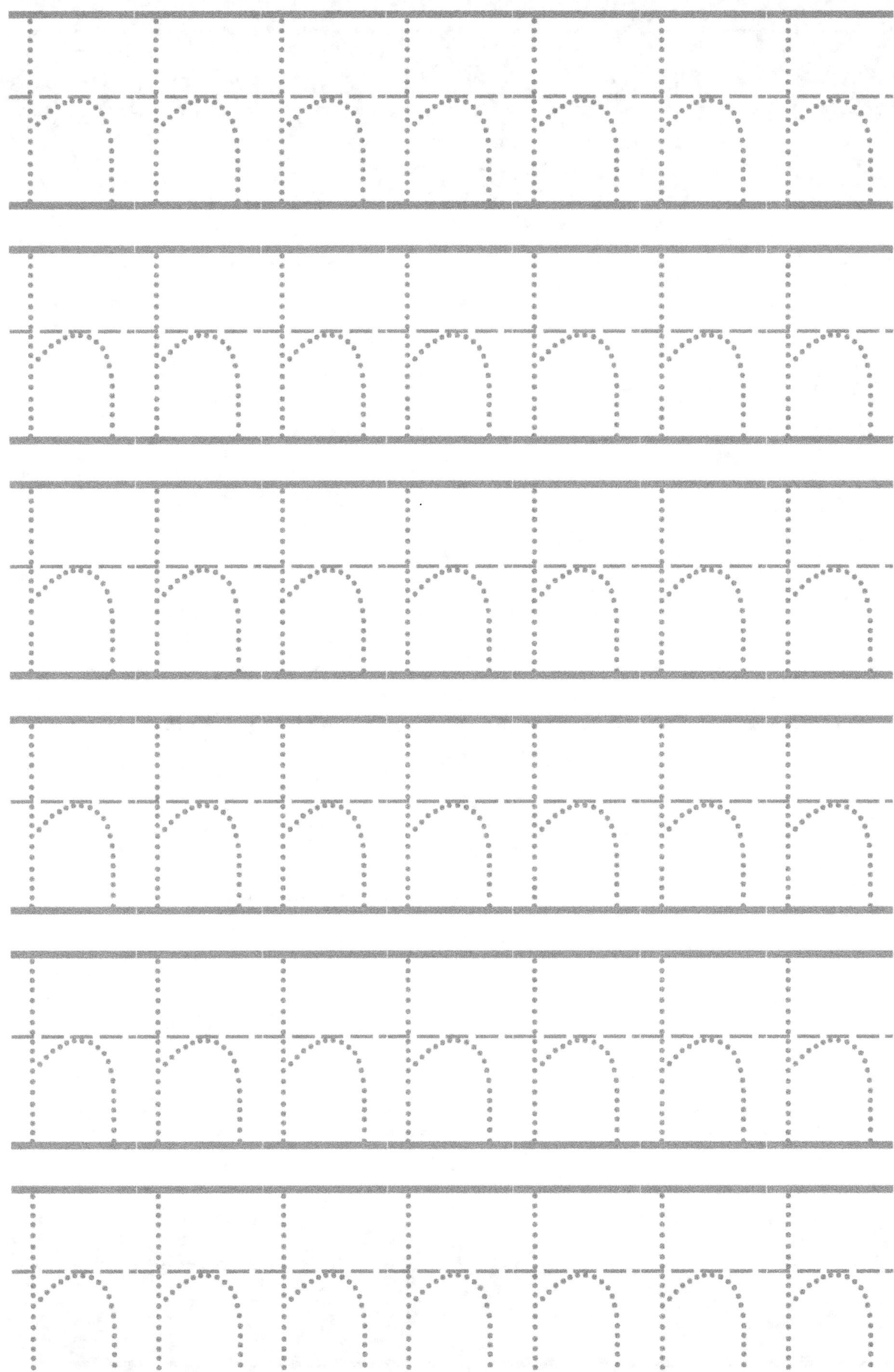

I is for Ice cream

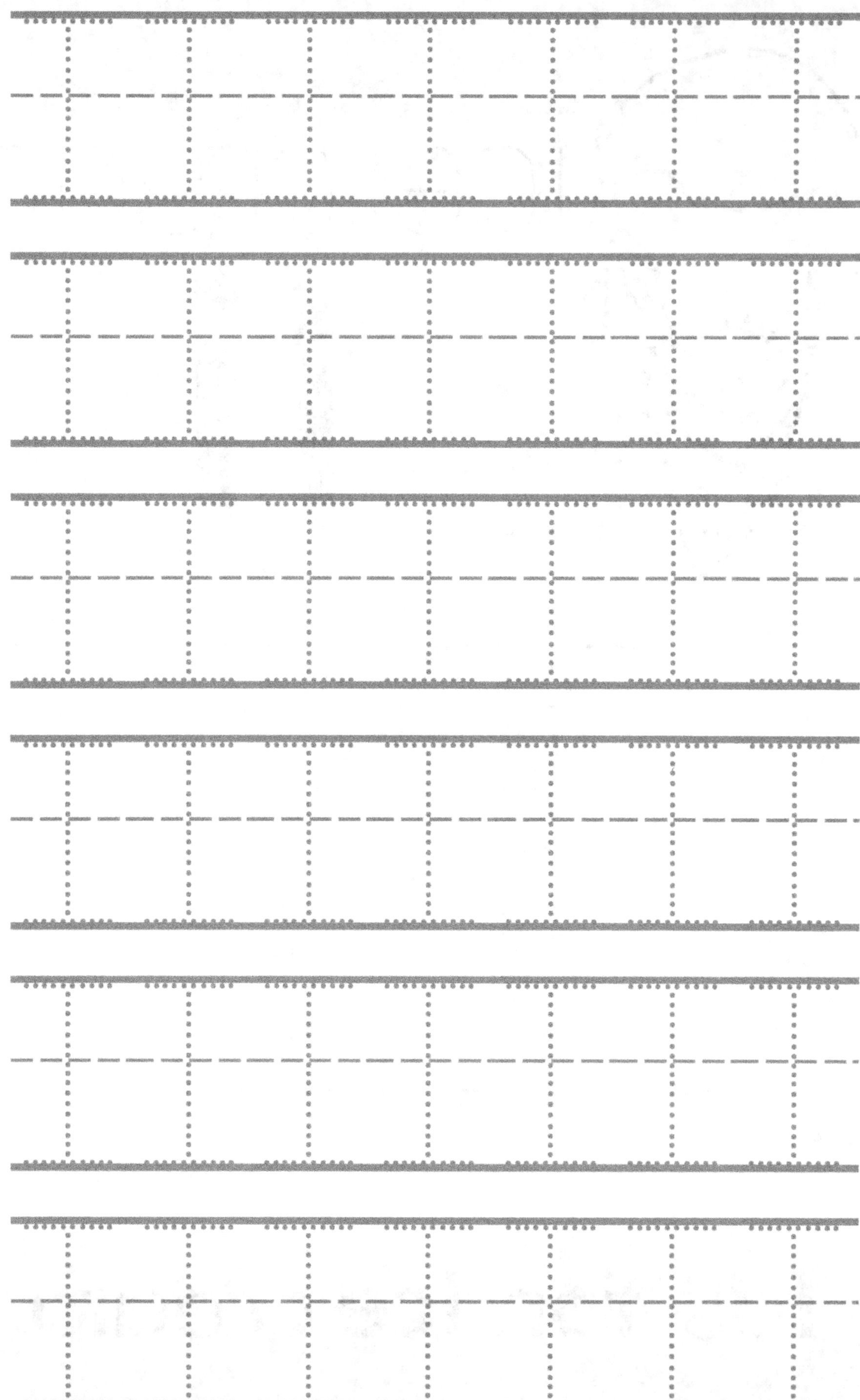

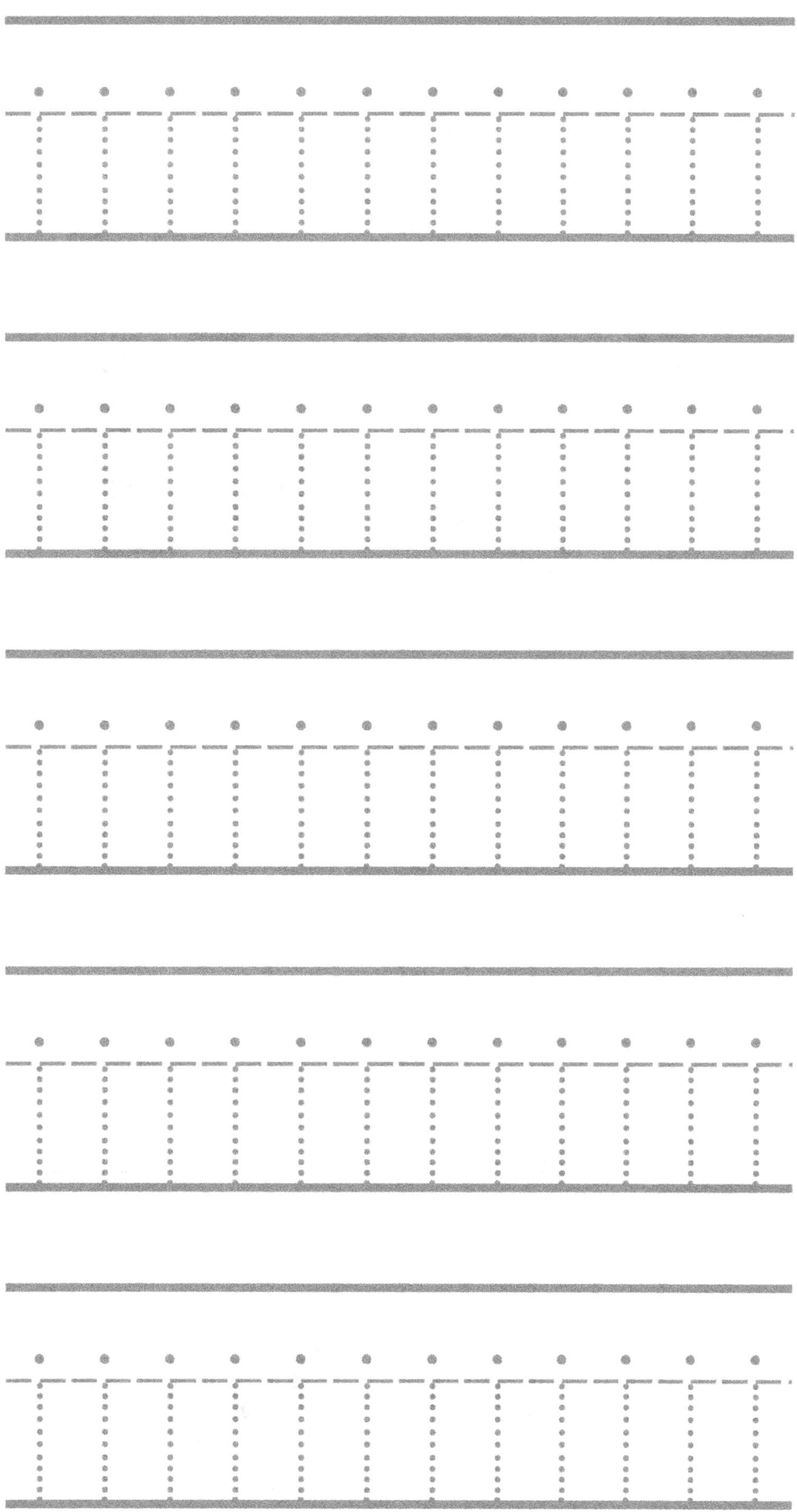

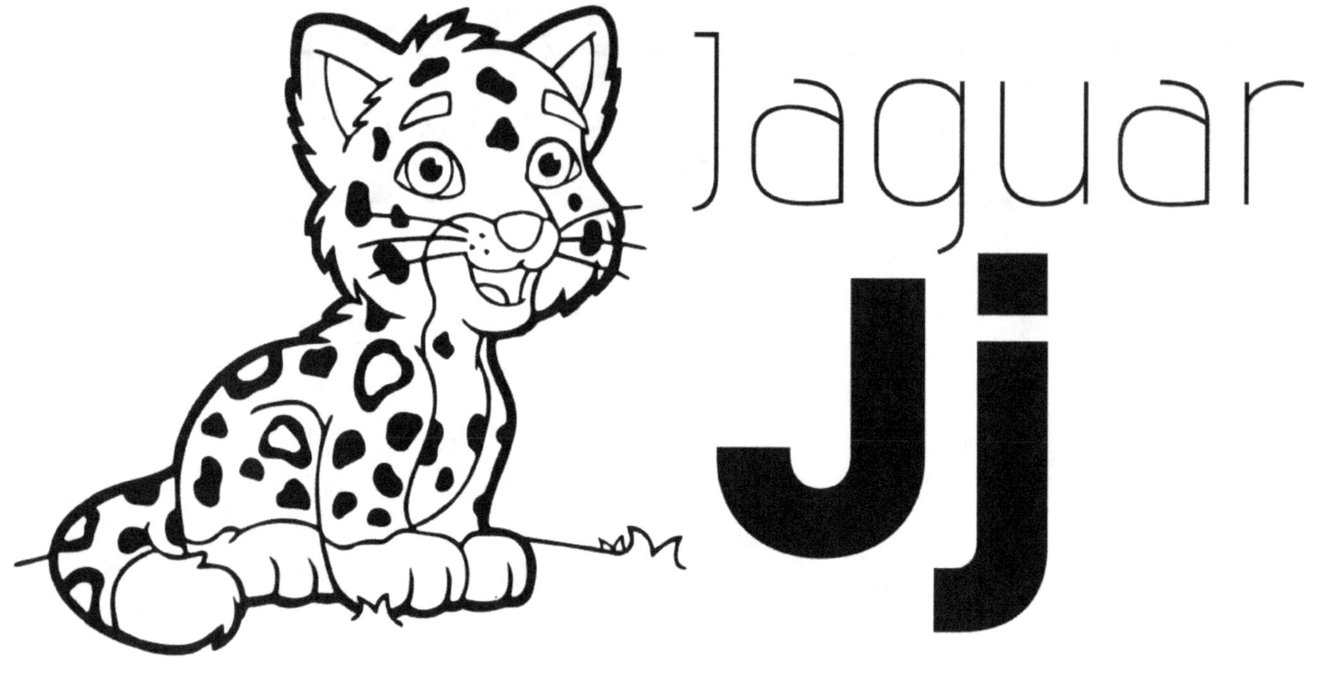

Jaguar
Jj

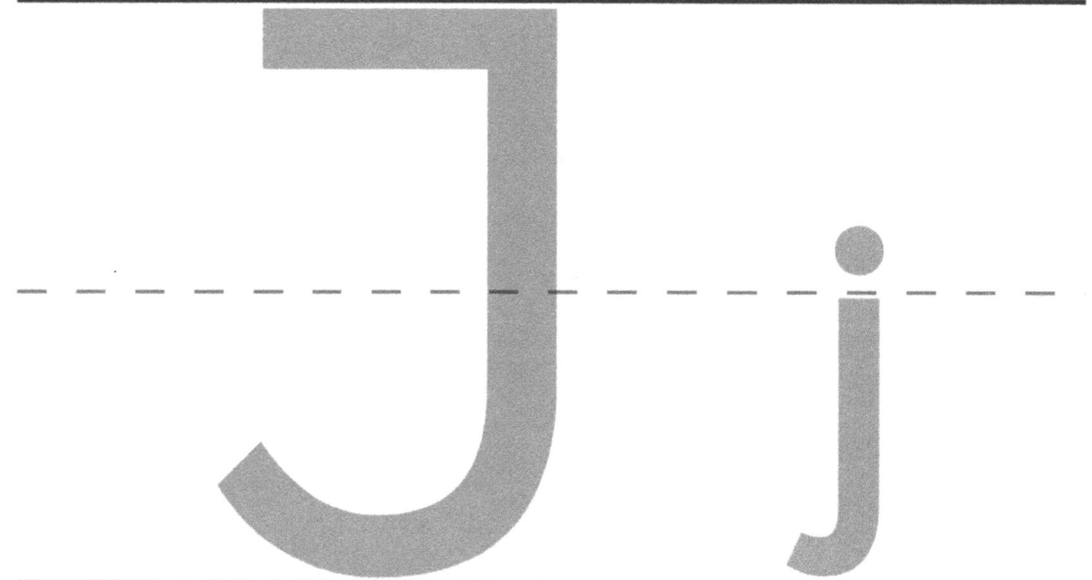

J is for Jaguar

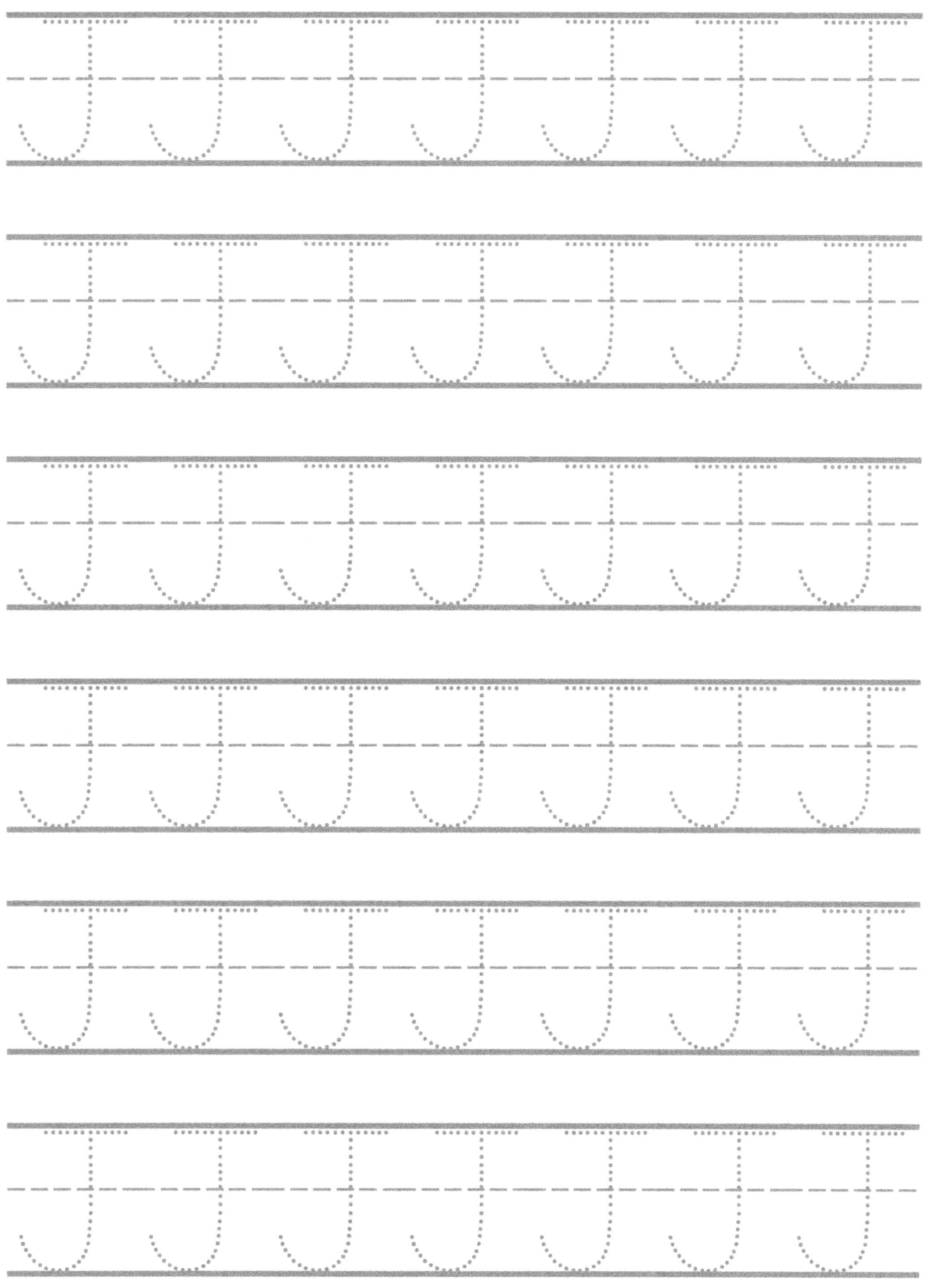

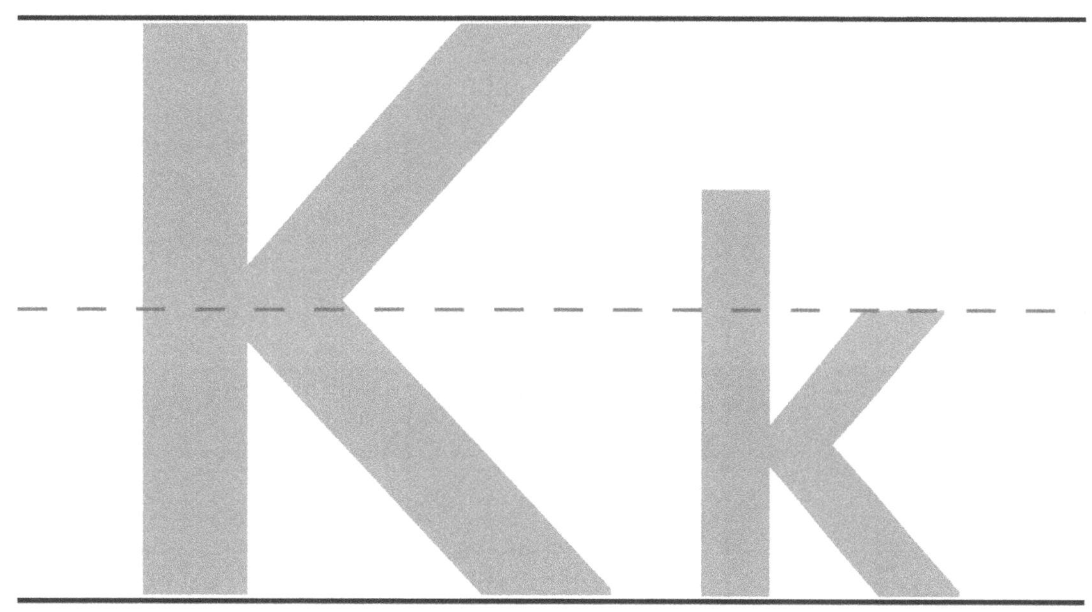

K is for Koala

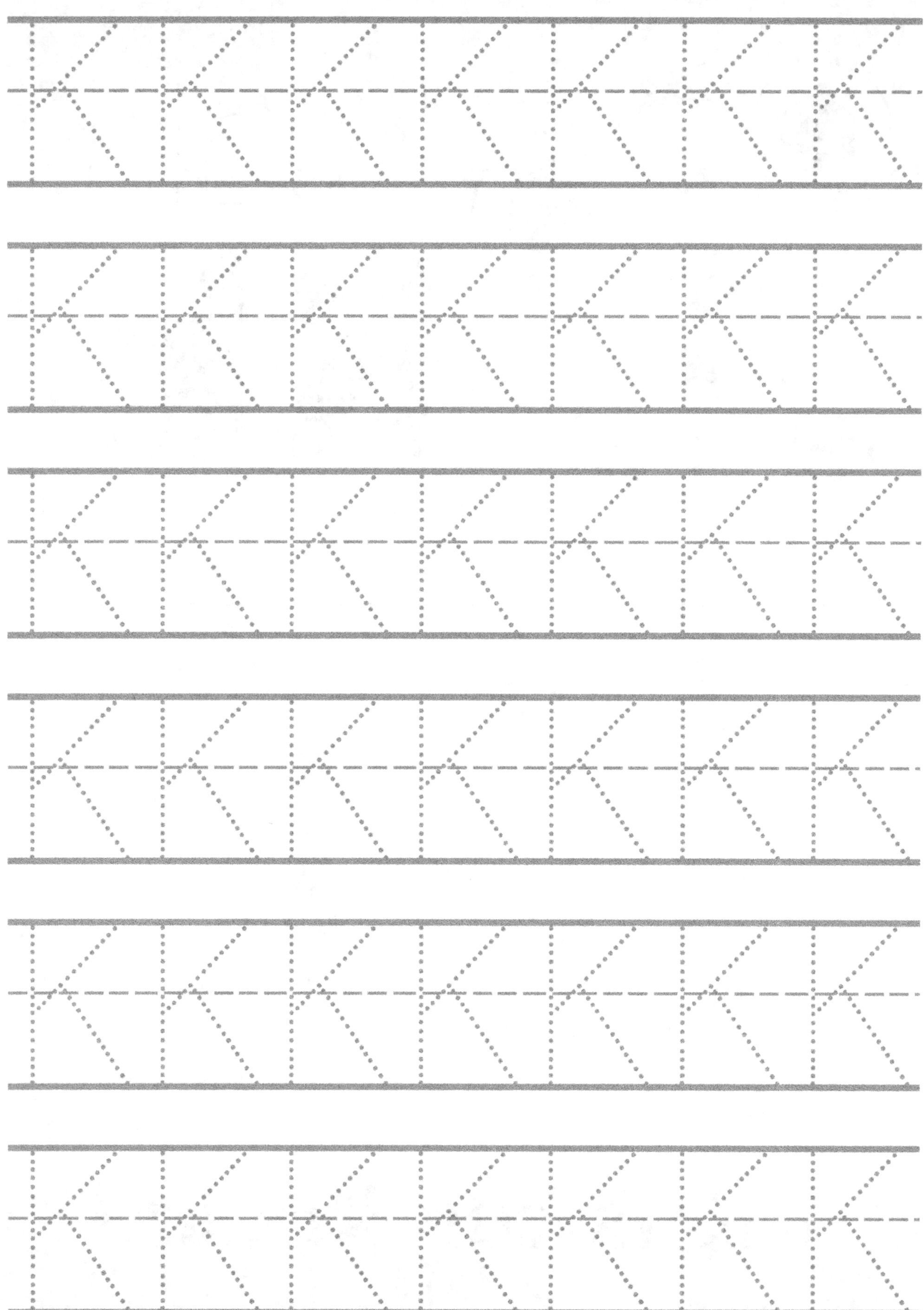

Lion

Ll

L is for Lion

M is for Monkey

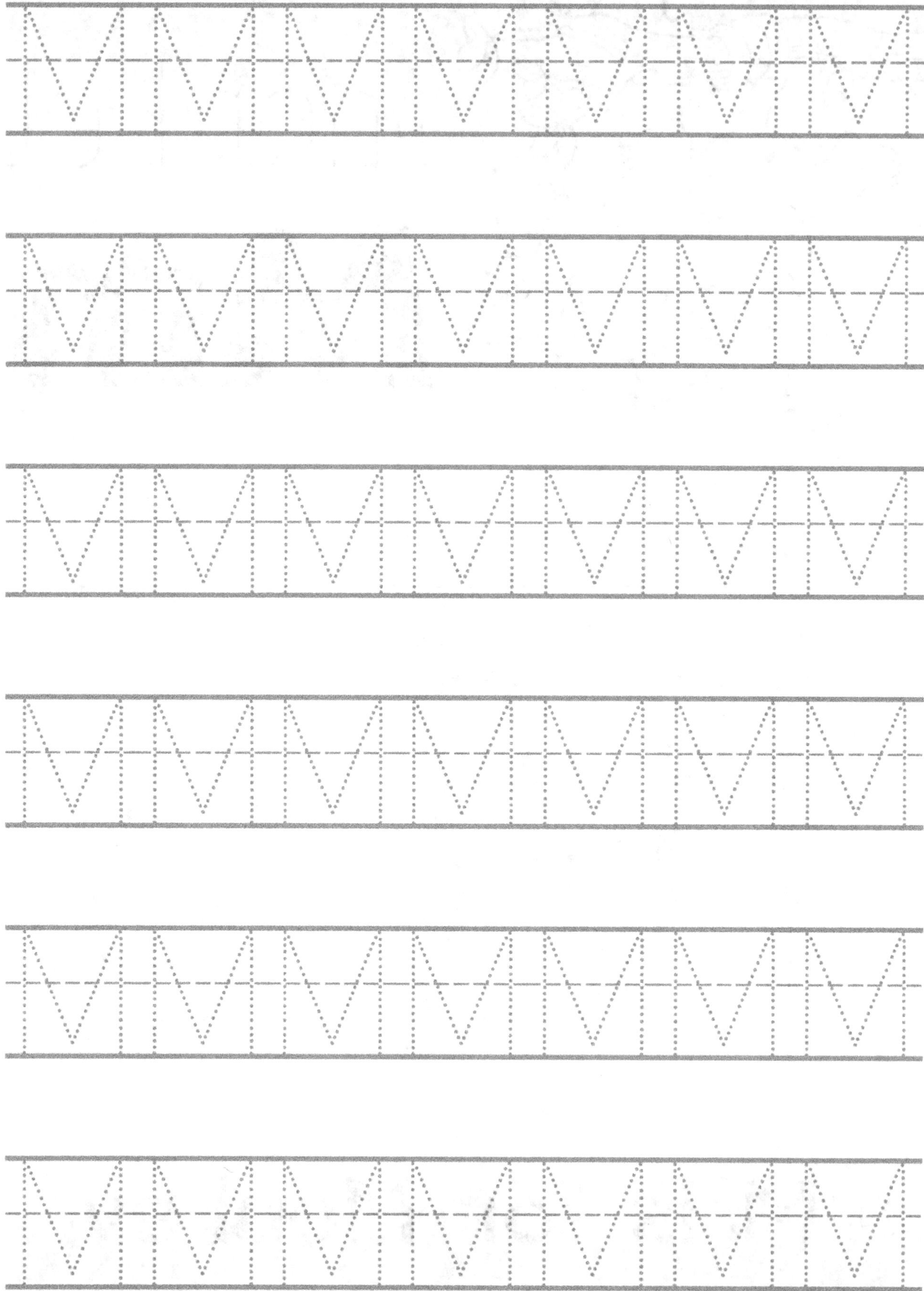

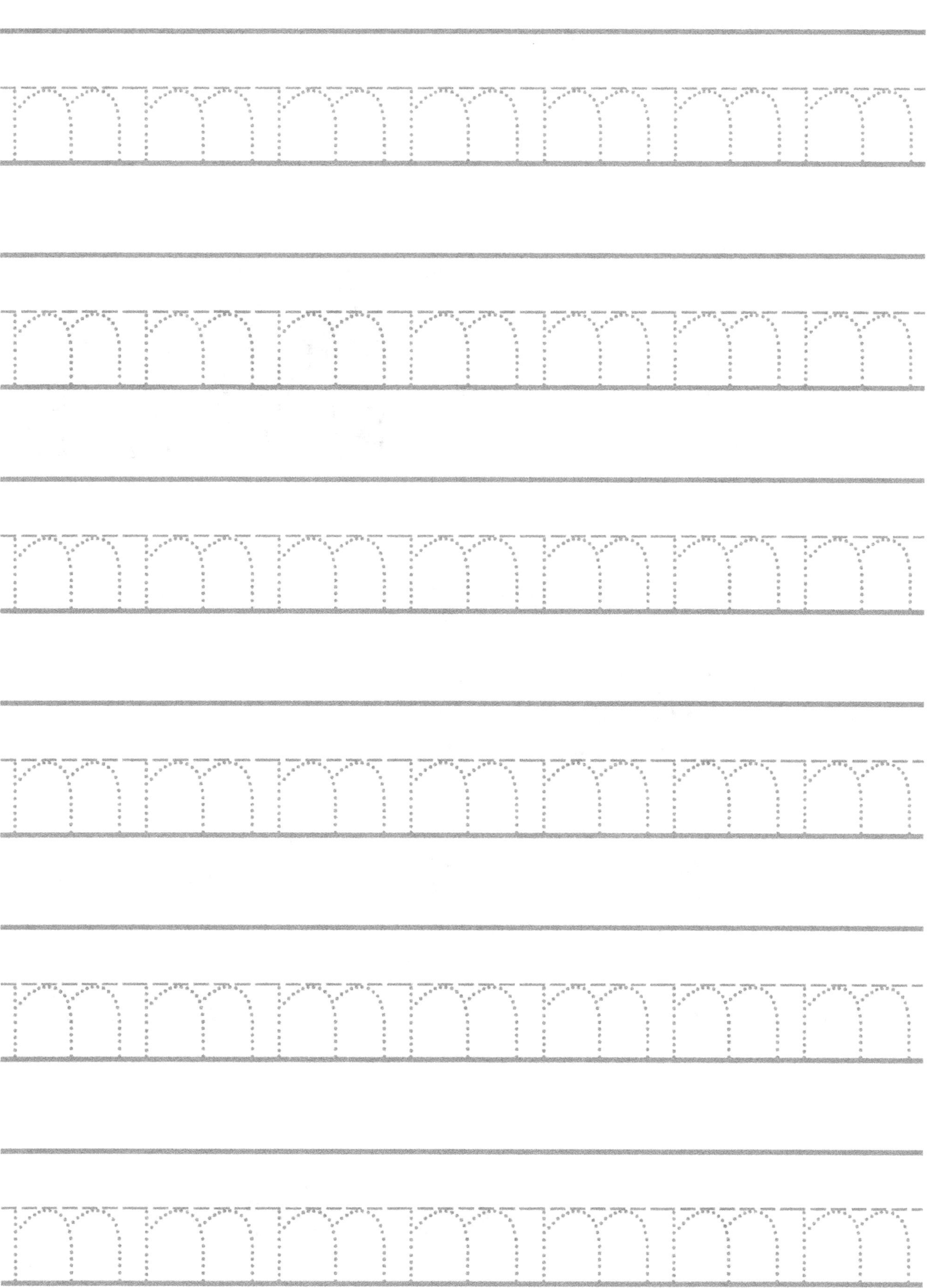

N is for Nest

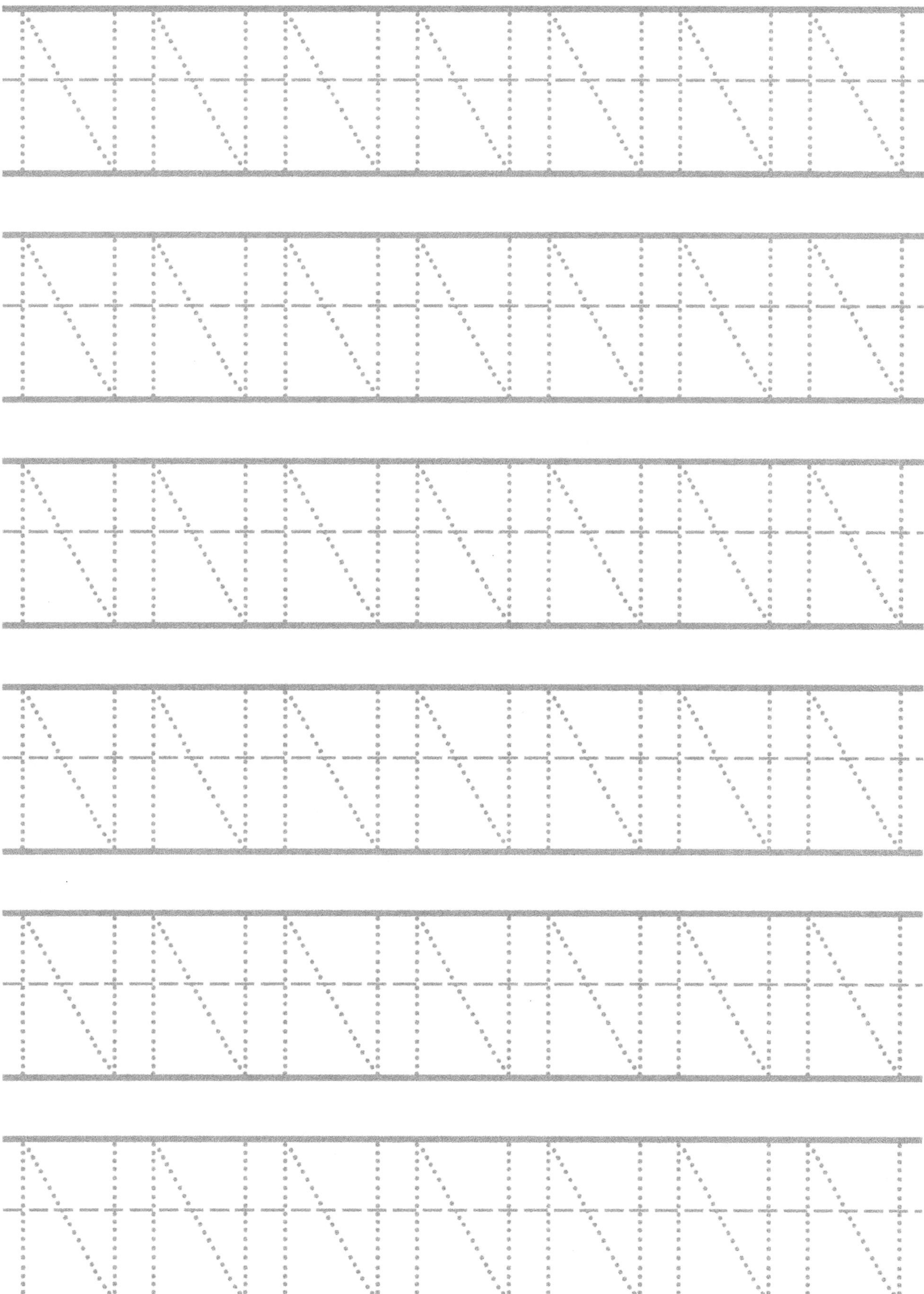

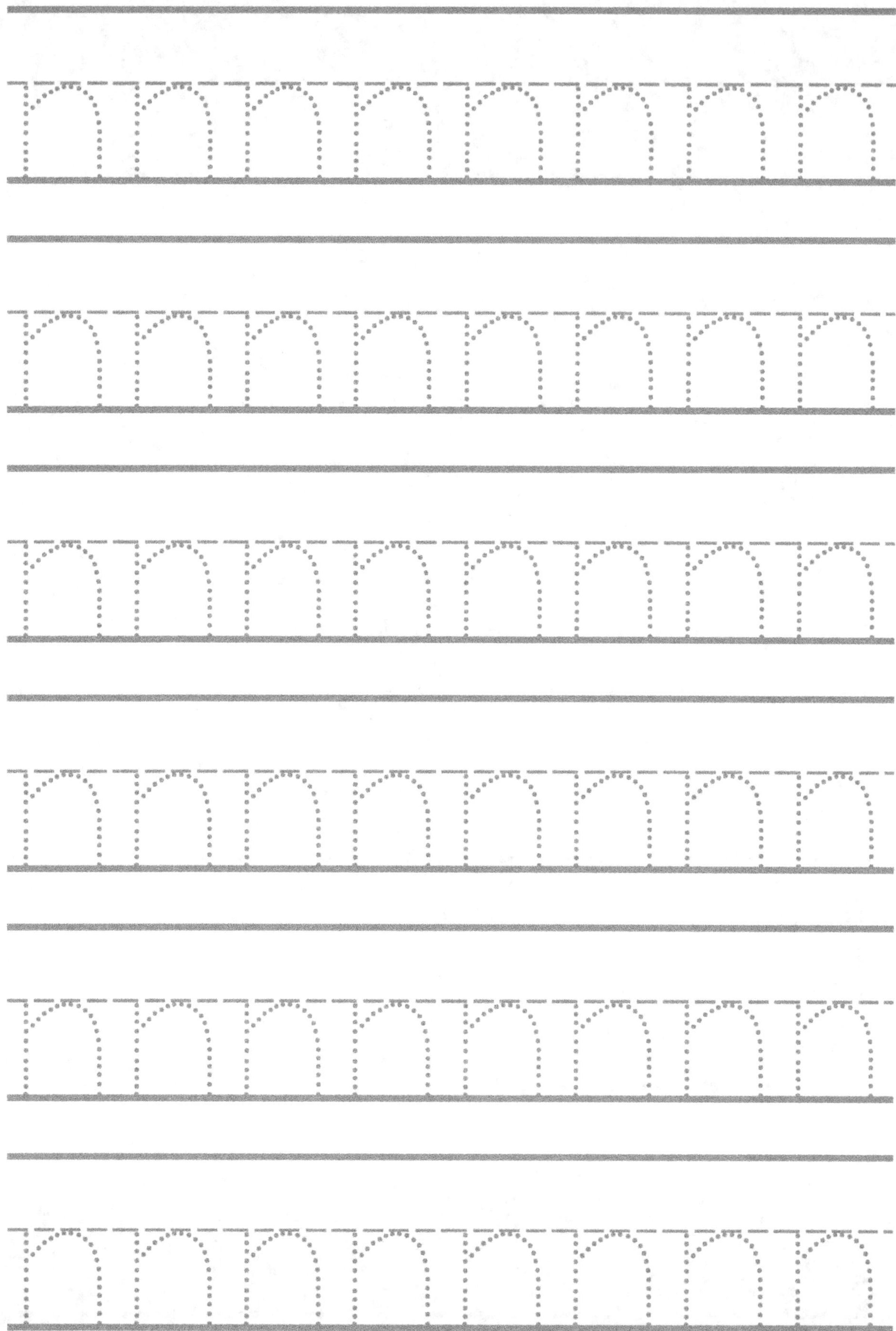

Ostrich

Oo

O is for Ostrich

P is for Panda

P P P P P P P

P P P P P P P

P P P P P P P

P P P P P P P

P P P P P P P

P P P P P P P

P P P P P P P

P P P P P P P

p p p p p p p

p p p p p p p

p p p p p p p

p p p p p p p

p p p p p p p

p p p p p p p

p p p p p p p

Quail

Qq

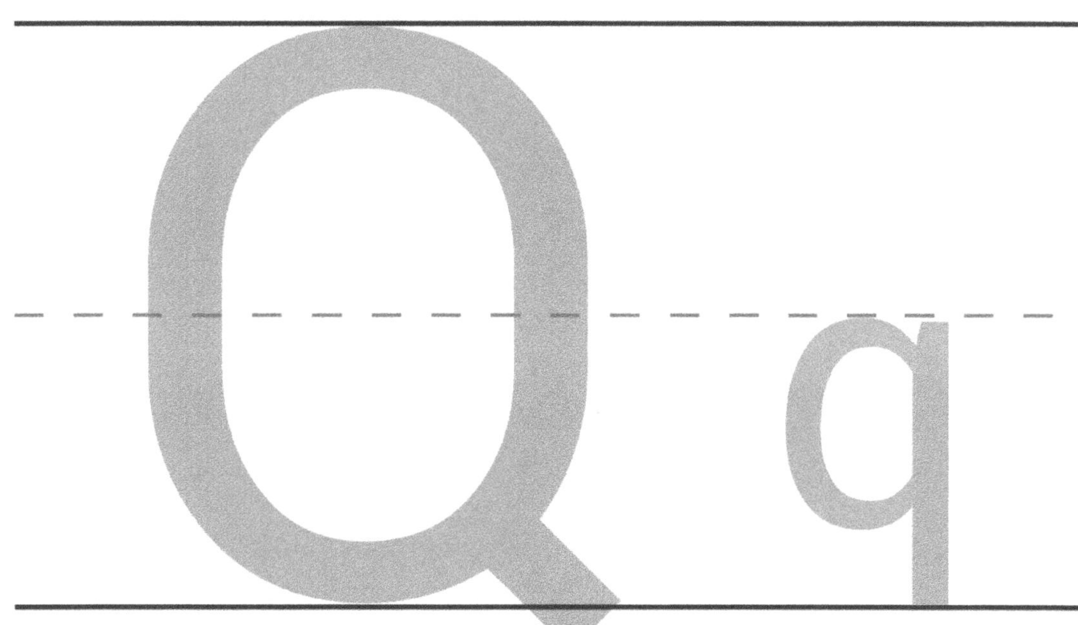

Q is for Quail

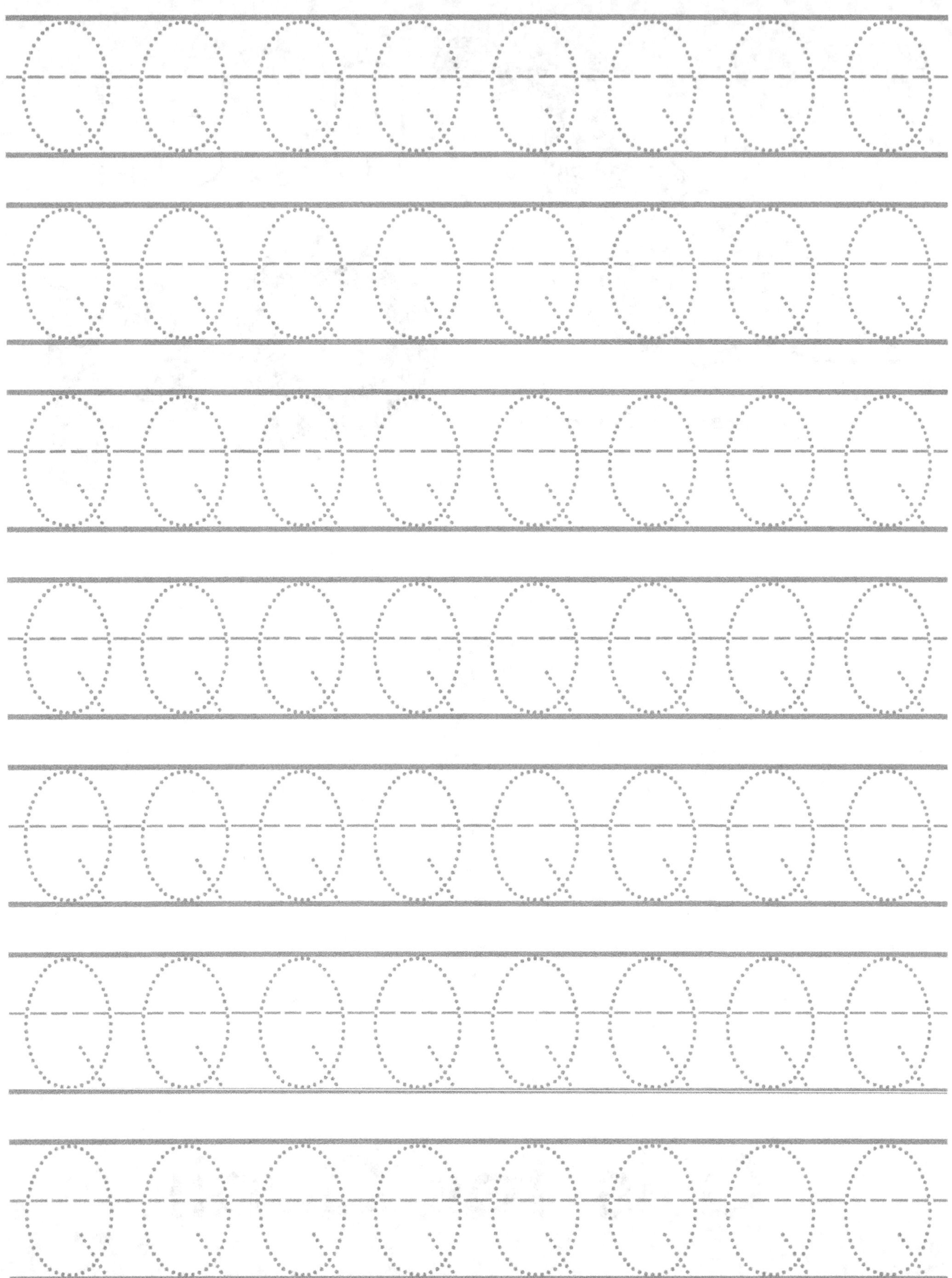

R is for Rabbit

R R R R R R

R R R R R R

R R R R R R

R R R R R R

R R R R R R

R R R R R R

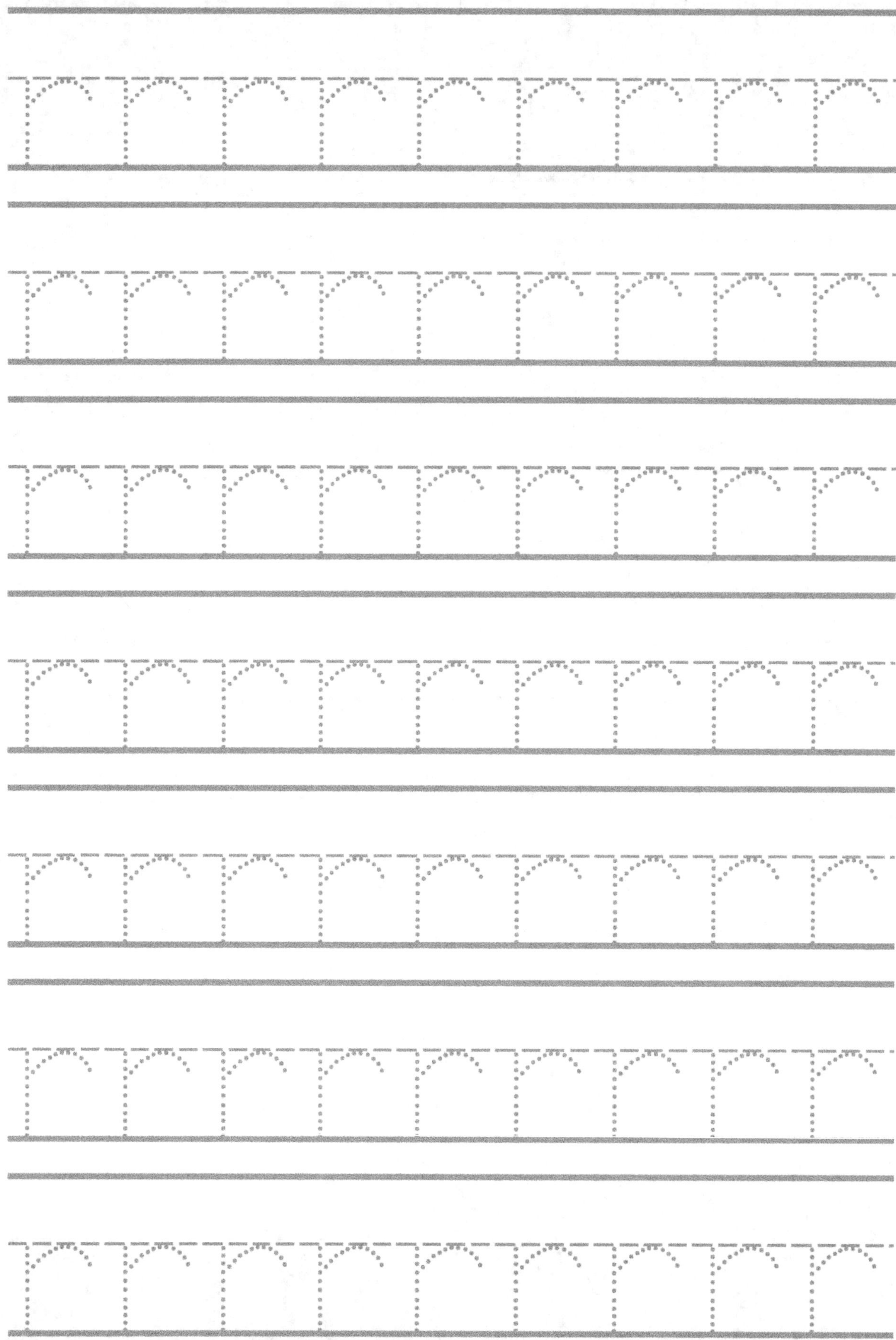

Swan

Ss

S is for Swan

S S S S S S S S

S S S S S S S S

S S S S S S S S

S S S S S S S S

S S S S S S S S

S S S S S S S S

S S S S S S S S S

S S S S S S S S S

S S S S S S S S S

S S S S S S S S S

S S S S S S S S S

S S S S S S S S S

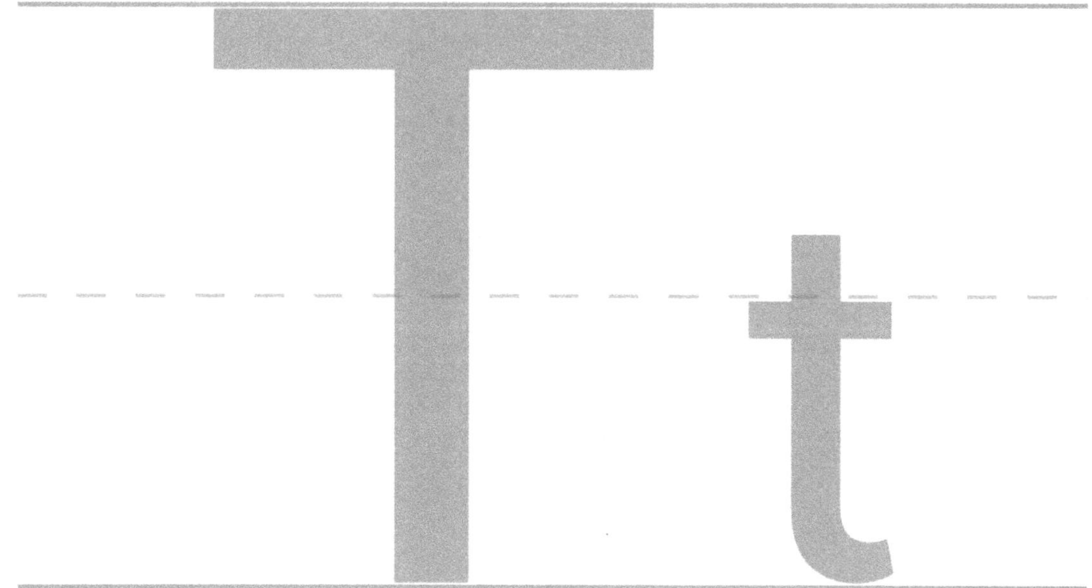

T is for Tiger

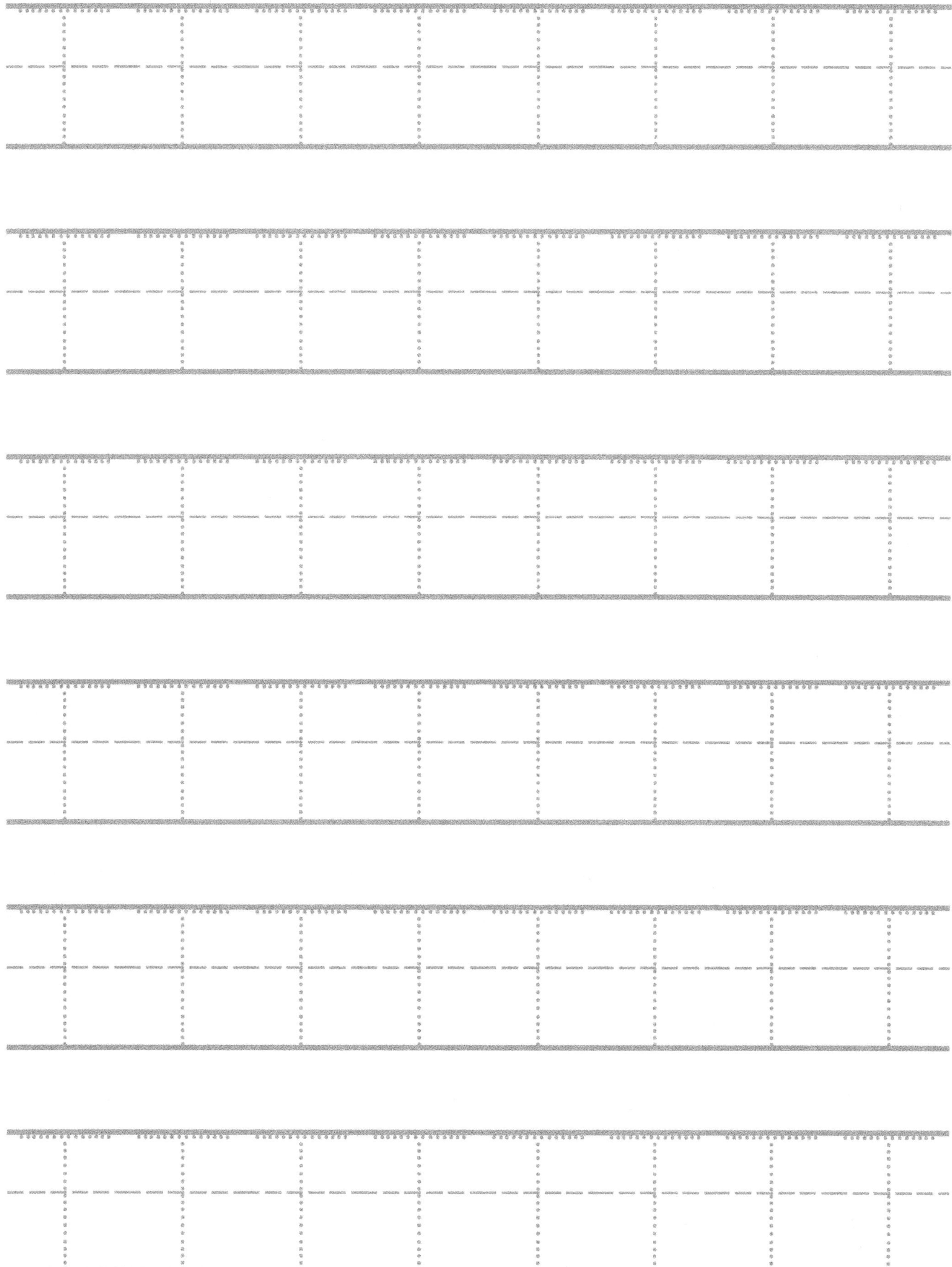

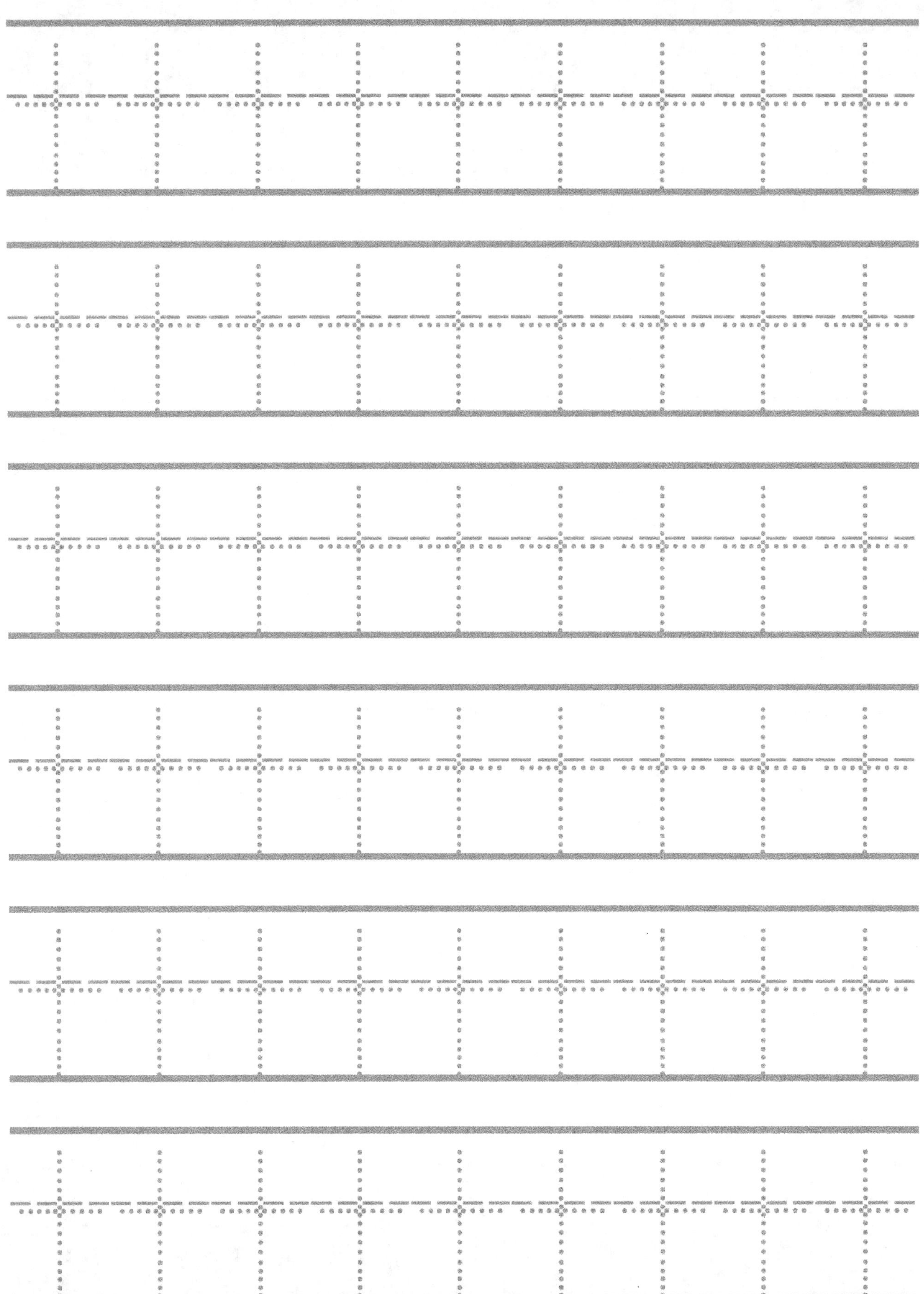

U is for Unicorn

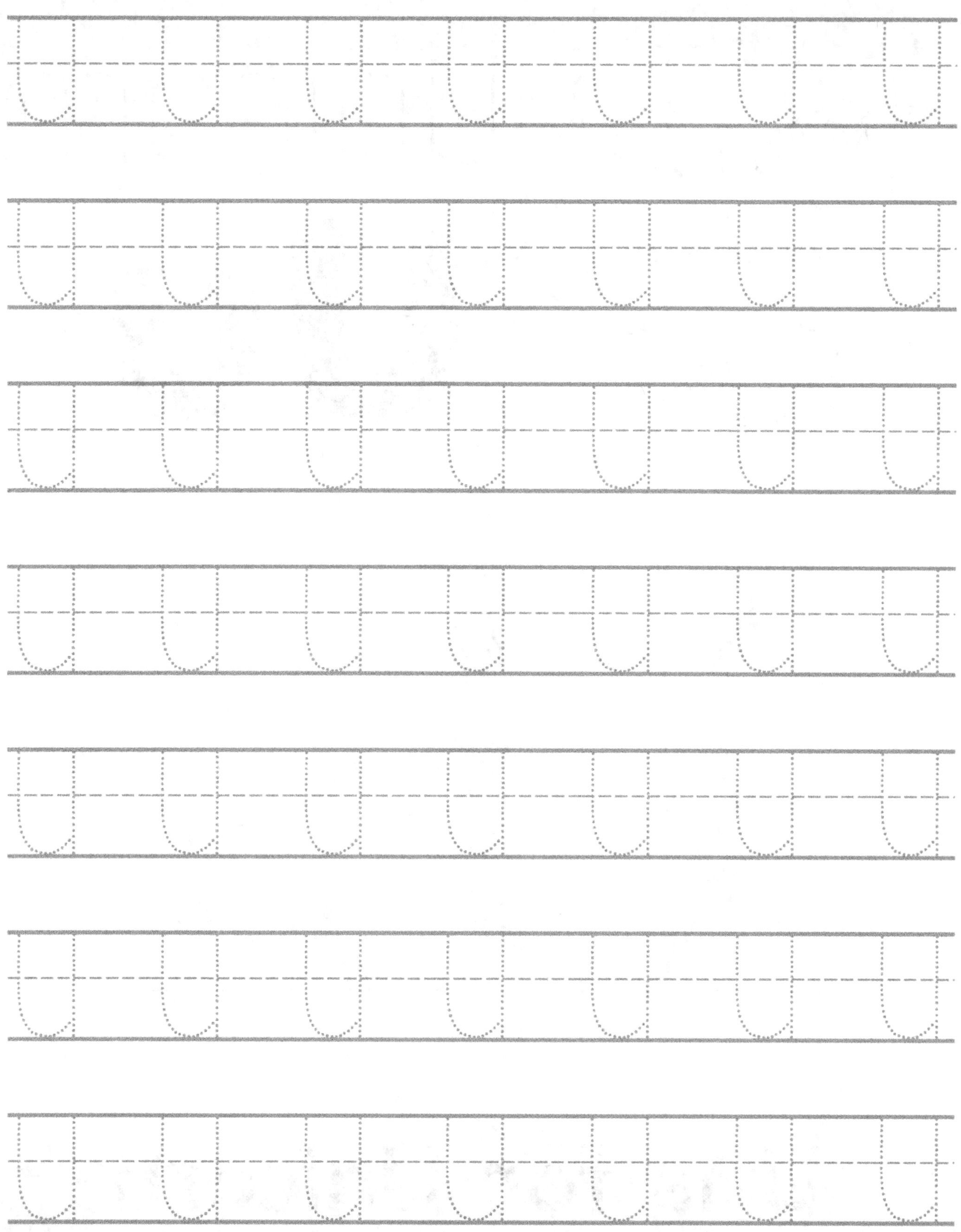

V is for Violin

W is for Walrus

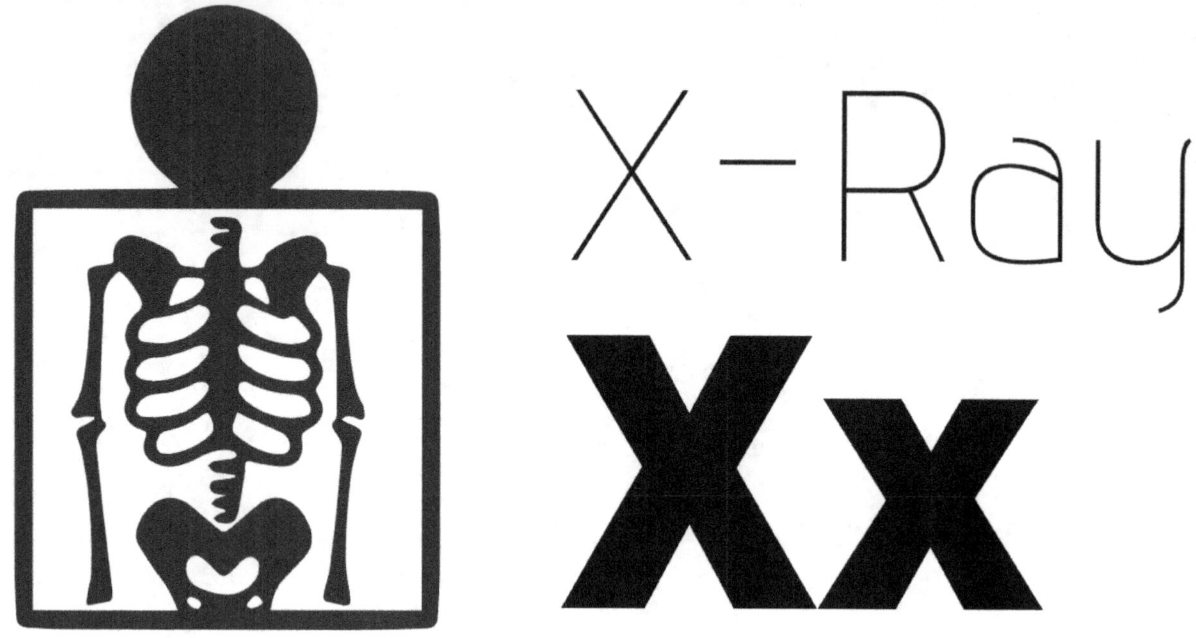

X is for X-Ray

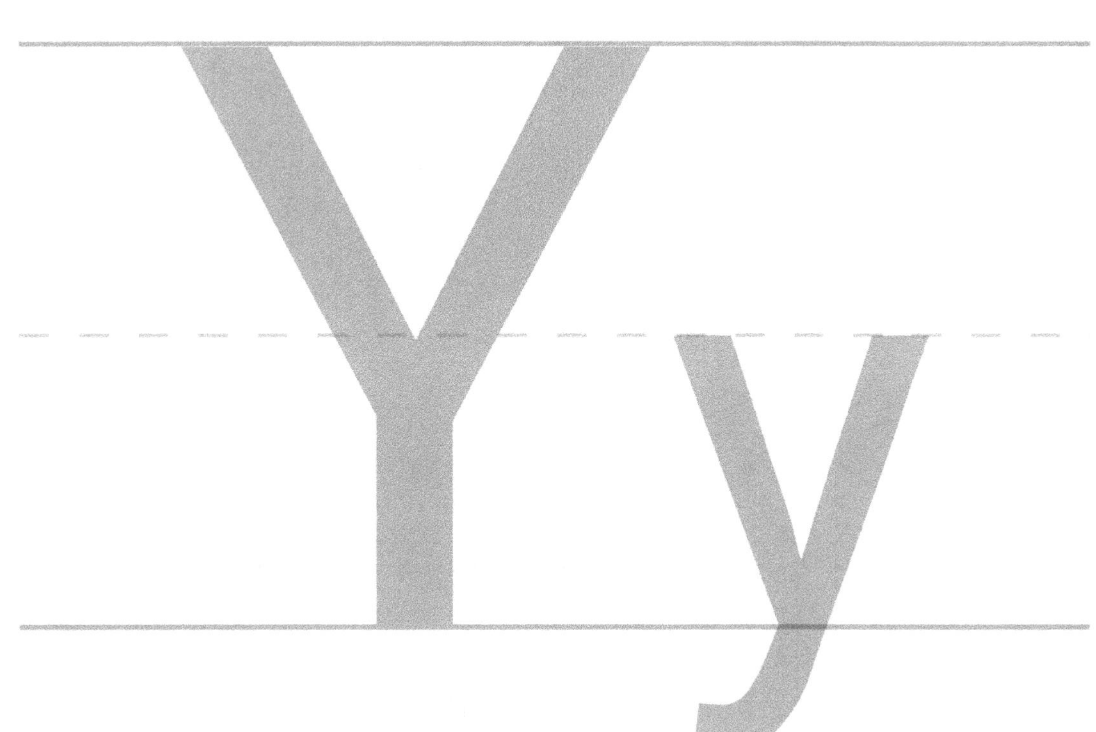

Y is for Yak

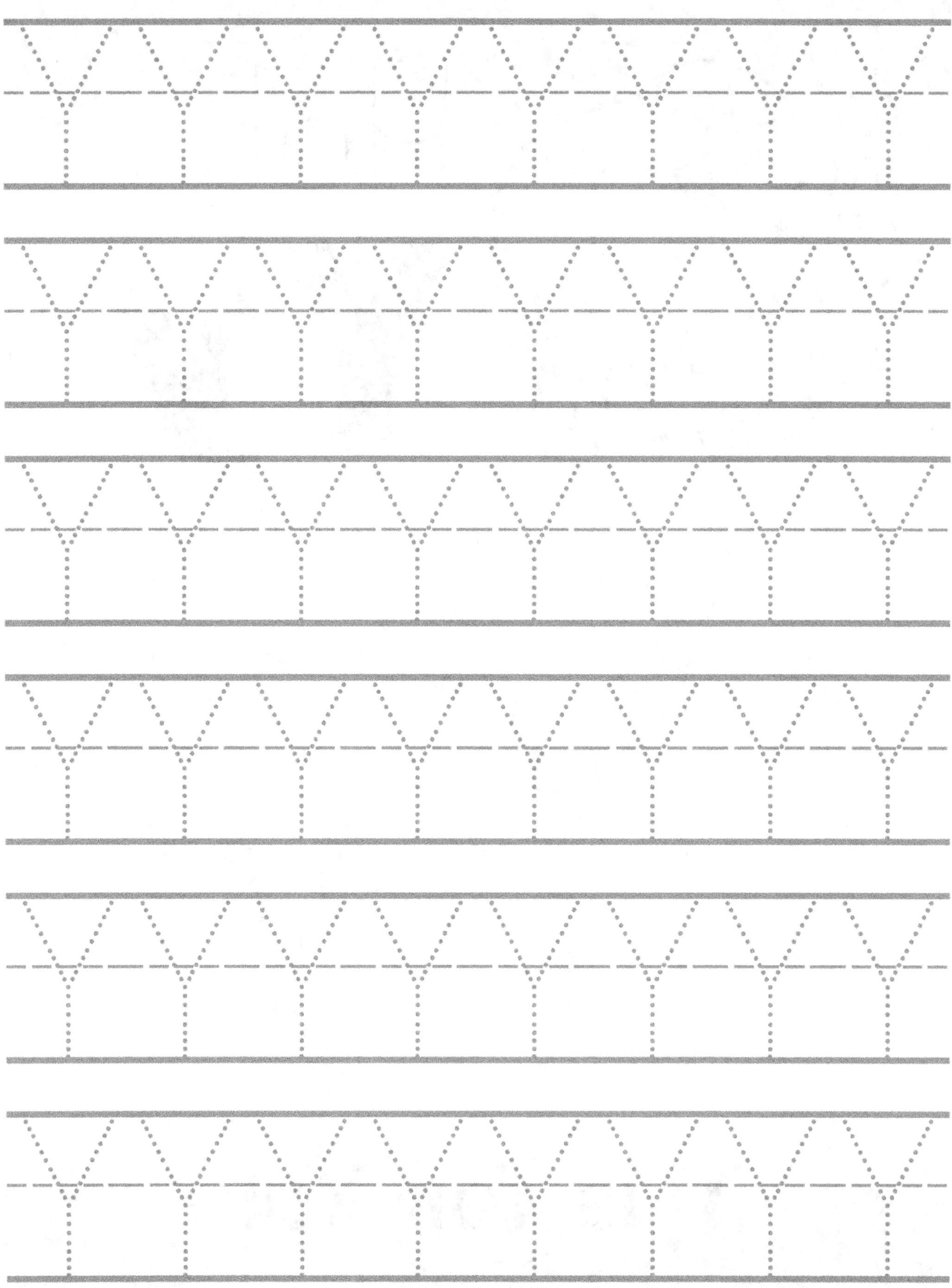

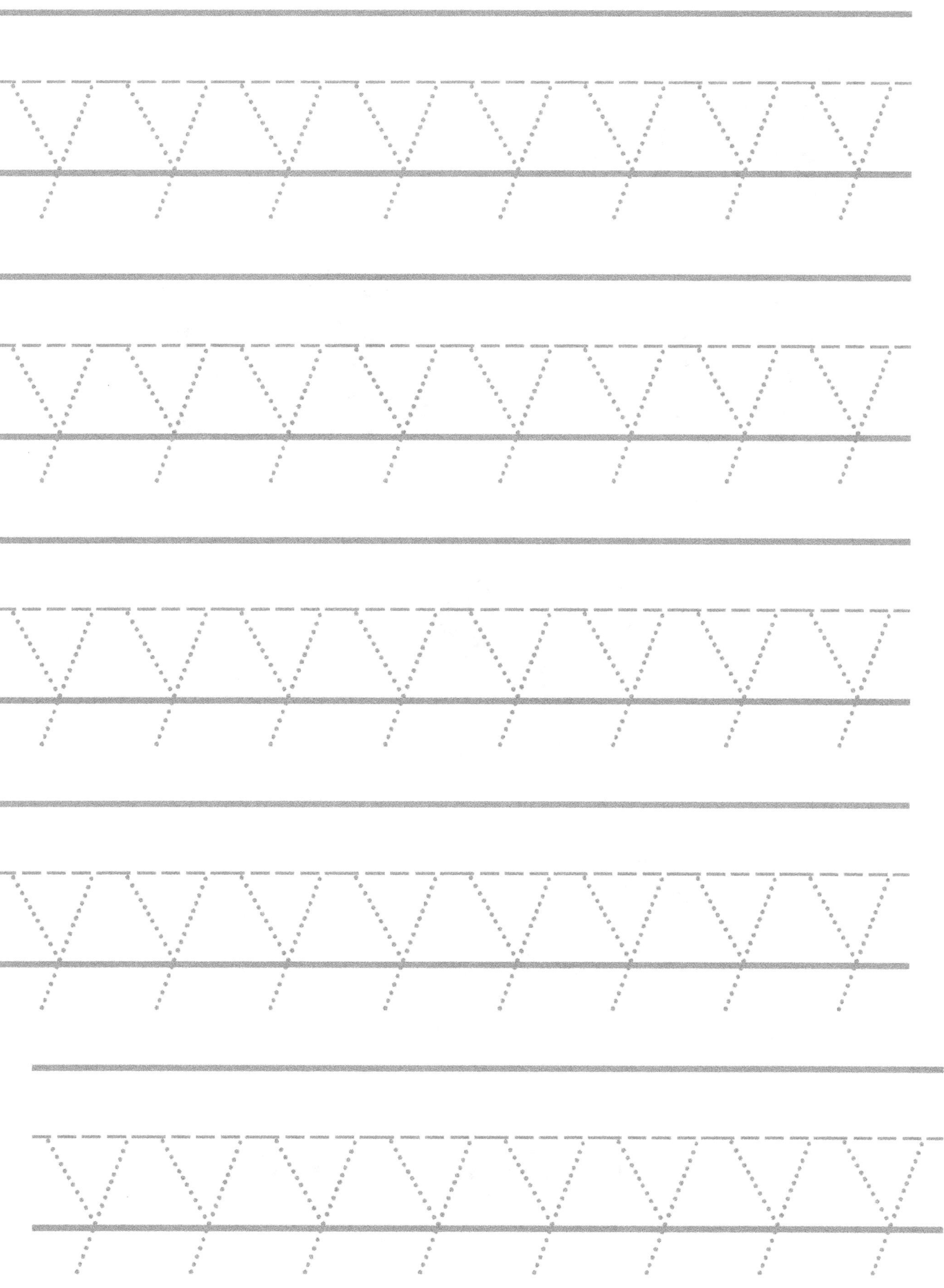

Z is for Zebra